AF262087

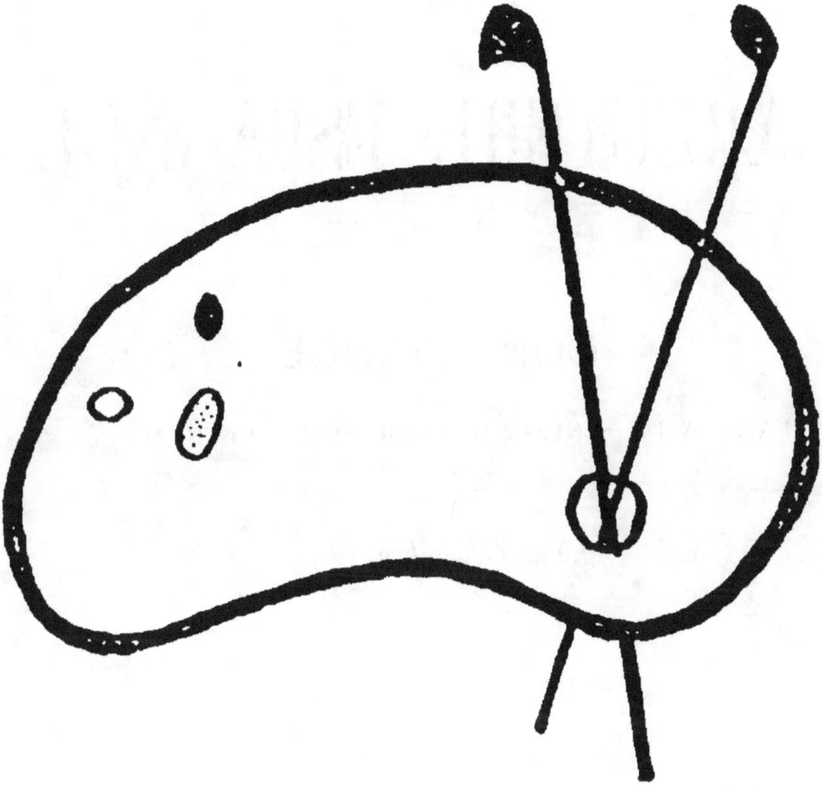

DEBUT D'UNE SERIE DE DOCUMENTS
EN COULEUR

G. DESDEVISES DU DEZERT

Professeur d'Histoire à la Faculté des Lettres

LE

CARACTÈRE ESPAGNOL

CONFÉRENCE

FAITE A LA SECTION D'AUVERGNE DU CLUB ALPIN

Le 2 Décembre 1893

CLERMONT-FERRAND

IMPRIMERIE TYPOGRAPHIQUE ET LITHOGRAPHIQUE G. MONT-LOUIS

2, Rue Blatin, 2

—

1894

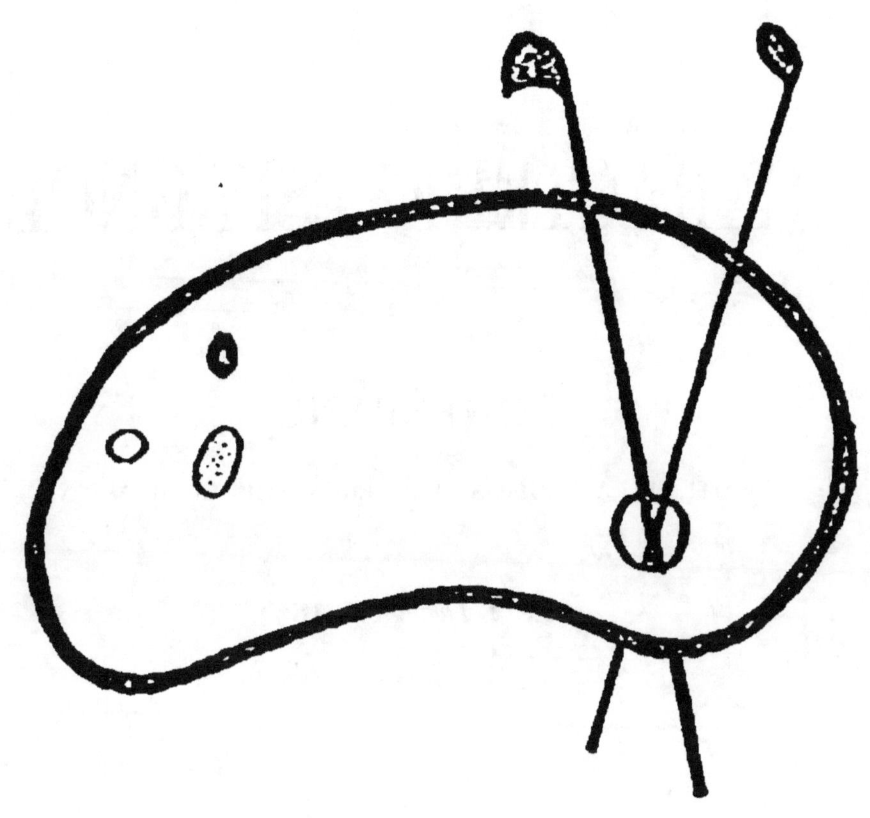

FIN D'UNE SERIE DE DOCUMENTS
EN COULEUR

G. DESDEVISES DU DEZERT

Professeur d'Histoire à la Faculté des lettres

LE
CARACTÈRE ESPAGNOL

CONFÉRENCE

FAITE A LA SECTION D'AUVERGNE DU CLUB ALPIN

Le 2 Décembre 1893

CLERMONT-FERRAND

IMPRIMERIE TYPOGRAPHIQUE ET LITHOGRAPHIQUE G. MONT-LOUIS

2, Rue Barbançon, 2

1894

LE CARACTÈRE ESPAGNOL

On ne voyage pas en Espagne comme dans ces pays sans gloire, auxquels on est en droit de demander le confort pour rançon de leur insignifiance et de leur modernité. Si vous tenez absolument à ne voyager qu'en « rapide », si vous ne pouvez dormir que dans une chambre luxueusement meublée, si vous craignez les moustiques, ou même les puces, s'il vous faut une cuisine délicate et variée..... n'allez pas au pays quichottesque où l'on dit : « Les radis, la salade et les olives, voilà les mets du chevalier. » — Si au contraire vous aimez avant tout les vastes horizons, les ciels bleus, le grand soleil, les monuments magnifiques et les mœurs originales, venez à la terre étrange où le dernier peuple idéaliste du monde s'obstine à vivre de ces trois choses, ailleurs si oubliées, la foi, le rêve et l'amour.

La foi est encore aujourd'hui la marque distinctive de l'Espagnol. La science lui répugne, la critique l'irrite ; il n'est pas de raisonnement qui vaille à ses yeux une belle légende ; il n'est pas de découverte qui vaille pour lui un miracle de Notre-Dame ou de saint Isidore. Tout ce que l'homme recherche avec passion, la vérité, le bonheur, l'espérance, il le trouve dans sa religion. Les savants peuvent discuter sur l'origine et sur les fins du monde, ils peuvent se demander avec angoisse d'où vient l'homme, où il va, ce qu'il a « à ramper entre la terre et le ciel » ; à toutes ces questions redoutables l'Espagnol a une réponse toute prête,

il voit avec les yeux de sa foi bien plus loin et bien plus
clair que tous ces grands philosophes. La vérité qu'ils
cherchent sans la trouver jamais, parce qu'ils la cherchent
où elle n'est pas, il la possède, lui, il l'a tout entière, et il
vit dans la sérénité imperturbable d'un homme sûr de lui,
parce qu'il est sûr de Dieu. Cette foi qui fait sa force
comme homme fait aussi la gloire de la nation. L'Espagne
a été en Europe le champion du catholicisme, aux Indes
elle en a été le missionnaire armé. L'Espagne a payé de sa
ruine son dévouement aveugle au catholicisme ; ne croyez
pas qu'elle s'en repente, elle est fière de son sacrifice, elle a
été l'héroïque soldat du Christ, elle n'imagine pas de gloire
égale à la sienne. Et de même que la patience finit souvent
par lasser la mauvaise fortune, elle espère que sa fidélité à
la bonne cause finira par trouver sa récompense. Et s'il
en est autrement, elle se consolera encore en pensant à la
justice suprême, qui lui réserve un incomparable triomphe
dans ce bleu paradis où chaque Espagnol, si dépravé qu'il
soit, compte bien s'asseoir un jour à côté de la Madeleine
et du bon Larron.

Même chez l'Espagnol cultivé, et teinté de scepticisme
moderne, la foi se réveille au premier appel. « Oui,
» je suis rationaliste, clamait Castelar à la tribune des
» Cortès, mais si je devais jamais revenir à une religion
» positive, ce serait à la foi splendide de mes ancêtres,
» et non au culte rigide et glacé des nations du Nord ! »
Je me trouvais à Pampelune en septembre 1881 ; j'avais
pour commensaux deux officiers de l'armée espagnole. Un
soir la rue s'emplit de bruit et de lumière ; nous nous
mîmes à la fenêtre et, au milieu d'une foule énorme, es-
corté par des soldats, accompagné de vingt porteurs de
torches, nous vîmes un prêtre qui portait le viatique à un
mourant ; à mesure que le cortège s'avançait, les habitants
allumaient aux fenêtres toutes les lampes, toutes les bou-
gies dont ils pouvaient disposer ; sur le passage de la pro-
cession la rue flambait et les balcons se garnissaient de

femmes et d'hommes agenouillés. Un des deux officiers voulut sans doute me montrer, à moi Français, qu'un Espagnol peut être incrédule. « Tout cela, me dit-il, c'est de la farce ! » — Mais quand le prêtre passa sous nos fenêtres, l'officier s'agenouilla et fit dévotement le signe de la croix.

La foi de l'Espagnol est pour ainsi dire innée ; elle est plus sincère que raisonnée, elle est souvent superstitieuse et puérile. La crédulité du fidèle n'a pas de bornes, le miracle le plus absurde trouvera créance, et la piété se manifestera parfois avec une naïveté bien voisine de la niaiserie. On peut lire à l'église de la Merced de Pampelune, au-dessous d'un petit reliquaire, l'étrange inscription que voici : « Restes d'un saint enfant qu'eut un moine de ce couvent. » (*Restos de un santo niño que tuvo un monje de este convento.*) Très intrigué par cette indéchiffrable énigme, je me renseignai auprès de plusieurs personnes, et l'on finit par me prêter un livre de piété où je trouvai la merveilleuse histoire du saint enfant. C'était un petit Jésus de cire. Dans les couvents d'Espagne, chaque moine ou chaque nonne avait son petit Jésus de cire, sorte de jouet béni qu'il priait, choyait et parait à sa guise ; telle religieuse habillait son petit Jésus en chevalier de Saint-Jacques, telle autre en docteur ou en chanoine. Or il advint, au temps du roi Philippe IV, qu'un petit Jésus de cire du couvent de la Merced de Pampelune se trouva sans maître. Touché de compassion pour ce pauvre abandonné, Fray Juan de Jésus San Joaquin demanda au prieur la permission de s'en occuper, et il l'entoura de tant de soins et de tant d'amour, qu'avec la protection du saint enfant il fit plus de miracles que les plus grands docteurs.

Le livre où je lisais ces curieux détails a été imprimé à Pampelune en 1835, avec l'approbation de l'évêque : il est écrit avec une adorable candeur, et la belle langue espagnole, si riche en tendresses et en mots caressants, a fait à ces pauvres légendes un si joli vêtement qu'elles en prennent un air charmant et amusant au possible.

Les églises d'Espagne sont pleines de statues habillées d'un aspect fort étrange et quelquefois grotesques. Ce ne sont pas les jolies saintes de cire aux yeux bleus et aux cheveux blonds qui nous viennent d'Italie ; ce sont des poupées grichues dont tout le mérite est l'extrême bon marché. Une statue de pierre ou de plâtre coûte fort cher ; avec une tête de carton, deux mains de bois et une aune de drap, on a bien vite confectionné un saint François très passable. Le peuple aime ces pantins, il leur trouve plus de vie et plus de naturel qu'aux vraies statues. Ce qu'il lui faut, ce n'est pas une blanche déesse de marbre aux formes impeccables, c'est une bonne Notre-Dame des sept douleurs au type monastique, aux joues pâlies, aux yeux noyés de larmes ; il aime la voir vêtue d'une vraie robe, de vraie étamine, un vrai chapelet à la main, étalant aux regards des fidèles son pauvre cœur percé de sept glaives de fer-blanc. On ne sait jusqu'où va dans ce genre la fantaisie de l'Espagnol. Sous des globes de verre de beaux petits Jésus frisés, habillés d'une jolie robe de satin blanc brodé d'or, sourient aux jeunes mères et aux grand'mamans, de petites saintes Thérèses assises à leur table écrivent sur une petite feuille de papier avec une petite plume de canari, de glorieux saints Michels brandissent des épées flamboyantes, faites d'une longue penne d'ara rouge dentelée aux ciseaux. Beaucoup de ces poupées bénites ont une garde-robe complète.

Au siècle dernier, la Vierge d'Atocha avait chaque année pour camarera mayor une des plus grandes dames de la Cour, qui se ruinait souvent en achats de velours et de satin pour les manteaux et les robes de Notre-Dame. La Vierge del Pilar a vendu ses bijoux il y a quelques années, et la vente a permis d'achever l'immense basilique commencée par Charles II.

La dévotion espagnole n'est pas toujours aussi inoffensive, l'Espagne n'est pas encore le pays de la tolérance. Dans une ville d'Eaux, un curé du pays basque nous ra-

contait à table que tous les adultes de sa paroisse avaient
communié à Pâques, sauf un ouvrier français qui avait
voulu faire l'esprit fort. « *Pobrecito!* » disait-il, et il pro-
nonçait ce simple mot avec une nuance de haine et de
pitié, de colère et de mépris vraiment singulière; c'était
comme s'il eût dit à la fois « misérable! » et « pauvre im-
bécile! » On comprenait bien que sa charité eût été volontiers violente, s'il l'avait pu. Les hétérodoxes sont encore
très mal vus. Il y a quelques années un ecclésiastique français, de passage à Pampelune, fut pris par les gamins pour
un clergyman anglican; on le hua, on lui jeta des pierres,
et il revint tout tremblant chez son hôte, qui lui expliqua
qu'on l'avait pris pour un protestant; charmé de cette ex-
plication, le bon abbé se consola de sa mésaventure en ad-
mirant un pays où la foi est restée si populaire. L'ouver-
ture d'une chapelle protestante à Madrid a failli naguère
soulever une émeute; les dames de la grandesse sont allées
supplier M. Sagasta de mettre le temple hérétique en
interdit.

Le fanatisme espagnol est incontestable, mais il a du
moins pour excuse de provenir d'une absolue conviction.
Le sentiment religieux tomberait peut-être sans lui dans la
puérilité; il le retrempe et en fait une force terrible, dont
Napoléon s'est repenti de n'avoir pas deviné toute la puis-
sance. C'est une ombre, c'est une tache si l'on veut, mais
elle donne au caractère national un relief extraordinaire.

Tout imprégné de cette foi enthousiaste et intransigeante,
l'art espagnol est presque exclusivement un art religieux.
Au commencement de ce siècle, la péninsule était littérale-
ment couverte de cathédrales, de collégiales, d'églises paroissiales, d'abbayes, de couvents, de chapelles et d'hermi-
tages. Burgos, peuplé de 9,000 habitants, avait 11 paroisses,
22 couvents d'hommes, 20 couvents de femmes et 7 hermi-
tages. Valladolid avait 14 églises paroissiales et 46 monas-
tères pour une population de 20,000 âmes. La petite ville
de Fuente-del-Maestre, en Estremadure, comptait 70 pré-

tres pour 1,300 habitants. La suppression des ordres monastiques a bien diminué le nombre des églises. Les biens ecclésiastiques ont été honteusement pillés, sans grand profit pour le Trésor public, et au grand dommage de l'art national. On a vu un capitaliste madrilène acheter pour une somme dérisoire tout un grand monastère, et payer son acquisition en vendant à un Anglais les magnifiques stalles de bois sculpté de l'église conventuelle. Ailleurs, le génie militaire a converti les couvents en casernes et les églises en magasins. L'église de Saint-Benoit, la plus belle et la plus grande de Valladolid, n'est plus qu'une halle déserte et délabrée; les beaux cloîtres de San-Gregorio sont blanchis à la chaux, et servent d'antichambre aux sordides bureaux du gouvernement provincial. Mais, malgré les déprédations et les ruines, l'Espagne est encore plus riche en églises que tout autre pays de la chrétienté.

L'architecture gothique y a été très en faveur, et les plus imposantes cathédrales d'Espagne sont bâties dans ce style. Les églises de Burgos, Palencia, Léon, Tolède, Séville, Barcelone et Saragosse sont d'admirables monuments, d'une somptuosité inouïe. Déjà si riche dans nos églises de Paris, de Reims et d'Amiens, le gothique français a paru trop pauvre aux Espagnols; ils l'ont fleuri, empanaché, contourné et compliqué à plaisir. Les architectes castillans surtout paraissent avoir négligé de parti pris toute précaution et tout calcul. Quand il s'agit d'élever la cathédrale de Séville, l'archevêque assembla le chapitre, et donna le plan de l'édifice en disant : « Faisons une église » si vaste que ceux qui la verront terminée nous tiennent » pour fous, nous qui la commençons ! » Et c'est bien là l'impression que produisent ces immenses constructions, flanquées de tours, hérissées d'aiguilles, peuplées de statues, couvertes de broderies et de dentelles de pierre : ce sont des églises folles qui s'emportent dans les nuages et semblent osciller au vent; elles ne tiennent debout que par miracle. Léon a dû être presque reconstruit; les flèches à jour de Burgos sont cerclées de grossières charpentes peintes en rouge ; une partie des voûtes de la cathédrale de Séville s'est écroulée, un cratère béant s'est ouvert au milieu de l'immense église. Qu'importe ! La matière a été asservie, la difficulté a été vaincue, l'homme a fait plus que force et plus que raison.

Vraiment trop chargé d'ornements quand il s'applique à un édifice tout entier, le gothique espagnol est merveilleux pour la décoration intérieure. On ne peut rien rêver de plus magnifique que les clôtures de chœur de Palencia, que les stalles de Barcelone ou que le grand autel de la Seo à Saragosse.

A la fin du xv° siècle, l'influence de la Renaissance vint encore exagérer la fantastique opulence de l'architecture espagnole : Enrique de Egas inventa le style platéresque, qui cisela les monuments comme des pièces d'orfévrerie. Il faut voir l'hôpital de Santa-Cruz à Tolède, les chapelles de San-Pablo et de San-Gregorio à Valladolid, les tombeaux de Jean II et de sa femme Isabelle à Miraflores, les tombeaux des rois catholiques à Grenade, le Trascoro de la Seo et l'autel du Pilar à Saragosse pour comprendre un pareil entassement de richesse. Seuls les grands monuments de l'Inde ont un luxe comparable : mais combien l'art espagnol l'emporte en fini et en élégance sur les figures bouffies et monstrueuses des gopurams hindous ! L'autel du Pilar, œuvre du Valencien Forment, est un chef-d'œuvre sans pareil. Sur une base déjà très ornée, et égale au quart de la hauteur totale, s'élève un triptyque de pierre dont les compartiments sont séparés par de puissants contreforts, couverts de sculptures. Dans le panneau central, l'artiste a représenté l'Assomption de la Vierge, à droite sa Naissance, à gauche sa Présentation au temple ; des dais de style gothique flamboyant couronnent chaque composition, et l'ensemble est protégé par un cadre de pierre sculptée d'une étonnante complication. Cent trente-deux figures de toute grandeur peuplent les niches, couronnent les pinacles ou animent les bas-reliefs. C'est la Renaissance tout entière qu'on aperçoit à travers des arcades gothiques ; l'effet est exquis.

Sous Philippe II, le génie sévère de Herrera fit disparaître cette magique décoration ; on fit nu sous prétexte de faire simple : on bâtit un palais-prison, l'Escurial, et une église comme la cathédrale de Valladolid, dont les voûtes massives pourraient porter des locomotives. Ce style ennuyeux régna jusqu'au jour où Alonso Cano, Francisco Herrera et Churriguera, élèves de Borromino et de Guarini, remirent en honneur l'ancienne splendeur platcresque. Malheureusement pour le style churrigueresque, les sculpteurs de la fin du XVIIᵉ siècle n'avaient pas le ciseau délicat des maitres de la Renaissance, et les classiques ont eu beau jeu à tourner en dérision l'ornementation lourde et surchargée qui fut alors à la mode. Tel qu'il est cependant, avec ses entortillements, sa confusion inextricable, sa fantaisie insensée, le churriguerisme laisse au moins une place à l'imagination, et vaut cent fois ce triste genre pseudo-romain que le bon Charles III prenait pour le grand art.

Sous l'influence de notre art français, le churriguerisme, un peu atténué, a donné à l'Espagne de charmantes églises, comme le monastère royal des Franciscaines de Madrid (*Salesas reales*) et Sainte-Marie de Saint-Sébastien. Le dix-huitième siècle n'a rien produit chez nous de plus gracieux que cette jolie chapelle mondaine, claire et bien aérée, où l'architecte a su masquer la raideur et la sécheresse des lignes de l'architecture classique sans tomber dans l'afféterie ni dans l'emphase. De beaux retables monumentaux en bois sculpté et doré meublent les bas-côtés ; deux autels de marbre brun-rouge avec ornements de marbre blanc témoignent du goût sévère de messieurs les académiciens de San-Fernando, et font, il faut l'avouer, triste mine à côté de leurs glorieux voisins.

Les églises d'Espagne ne sont pas seulement des monuments et des musées, ce sont des lieux de réunion où se passent les actes les plus importants de la vie nationale ; les fêtes publiques, comme les fêtes particulières, ont un caractère religieux. Chaque dimanche, dans les villes de garnison, a lieu une messe militaire à laquelle assistent toutes les troupes. Quatre soldats, la baïonnette au canon, montent la garde sur les marches de l'autel ; à l'élévation, les clairons sonnent, les soldats mettent un genou en terre et portent la main au shako, les officiers saluent de l'épée. C'est à l'église que l'Espagnol entend ses orateurs les plus respectés et les plus libres, c'est là qu'on fait passer devant ses yeux les scènes les plus dramatiques de l'histoire du Christ, représentées par des groupes de figures habillées, et commentées par des prédicateurs populaires, qui s'entendent à merveille à remuer les foules. Beaucoup de choses en Espagne sont mortes ou ne vivent que d'une vie factice ; la religion y est véritablement vivante et n'a presque rien perdu de son empire sur les âmes.

La tournure mystique de l'esprit espagnol est loin d'être aussi favorable aux intérêts temporels qu'à la paix de la conscience. A se délecter dans la contemplation et l'extase, l'Espagnol a perdu presque complètement la notion du réel et la vision exacte des choses ; la vie intérieure a presque tué en lui la faculté d'observation. Il voit les choses non telles qu'elles sont, mais telles qu'il veut qu'elles soient, il magnifie démesurément ce qu'il aime, il déprécie inconsciemment ce qu'il n'aime pas : sa langue elle-même a contribué à lui donner cet amour du vague et cette compréhension superficielle. Le castillan est si majestueux et si sonore, on éprouve tant de plaisir à dire et à écouter ces mots harmonieux et retentissants qu'on songe à peine à leur demander d'avoir un sens ; une sottise dite en espagnol prend je ne sais quel air de gravité et de profondeur, on ne rit pas, on est presque tenté d'admirer. L'Espagnol pense par images et se grise en parlant. Il parle pour lui, n'entend pas les objections et ne se rend jamais, même à l'évidence.

Ce n'est point de sa part mauvaise foi, ni opiniâtreté déplacée, c'est indifférence. Il sait tout ce qu'un chrétien doit savoir, vous n'avez rien à lui apprendre. Il vit dans un monde fantastique, il vous plaint de ne pouvoir l'y suivre, et ne se soucie pas de descendre avec vous dans la poussière du grand chemin.

Cette manière d'être en fait un homme à part, très étrange mais très noble, et fort dédaigneux des côtés mesquins et vulgaires de la vie.

Dans notre monde moderne, hypnotisé par l'argent et forcené de plaisir, l'Espagne est peut-être le seul pays civilisé où l'on ne juge pas un homme sur le nombre de duros qu'il peut dépenser par jour, et où l'on comprenne encore que la fortune peut bien établir entre les hommes une différence de pouvoir, mais ne marque pas entre eux une différence de valeur. Si vous êtes riche, vous ferez bien de vivre aux États-Unis, en Angleterre, même en France. Si vous êtes pauvre, allez vivre en Espagne; pourvu que vous soyez sobre, affable et bon catholique, vous serez aussi considéré qu'un grand ou qu'un titré de Castille.

Il ne manque pas assurément de commerçants avides, de loups-cerviers de la finance, de politiciens sans scrupules, ni même d'effrontés voleurs. Le tripotage (*chanchullo*) est une des plaies de l'administration espagnole. Mais tous ces faits n'infirment pas ce que nous venons de dire, ils nous révèlent seulement un autre côté du caractère national. Les Castillans n'ont pas encore oublié le temps où ils avaient les Indes à exploiter, ils ont gardé dans le sang quelque chose de l'audace et de la rapacité des anciens conquistadors, et quand ils consentent à sortir de leur apathie naturelle, l'effort leur paraît si grand et si méritoire qu'aucune récompense ne leur semble assez riche. Ainsi s'expliquent les prétentions exorbitantes des marchands, les brutalités des financiers, les friponneries des fonctionnaires; tous ces gens travaillent, alors qu'il est si aisé, si doux et si honorable de ne rien faire; n'est-il pas juste qu'ils soient payés de leur peine ? N'est-il pas dit dans l'Évangile que tout travail mérite salaire ? D'ailleurs l'immense majorité de la nation échappe aux tentatives malsaines de l'ambition. Sur 17 millions d'Espagnols, 12 millions ne savent ni lire ni écrire. Dans la partie relativement lettrée doivent être rangés presque tous les Catalans, les Navarrais et les Basques, les moins Espagnols de la Péninsule ; le reste se compose de propriétaires, de rentiers, de petits marchands, de fermiers et d'employés ; le nombre des grands négociants, des banquiers et des politiciens est en somme très restreint, et la masse de la nation a conservé les mœurs simples et la loyauté du bon vieux temps. Dans un pays où la justice est assurément très lente et peut-être vénale, la sûreté des transactions n'est défendue que par la bonne foi des particuliers, et de l'aveu de tous ceux que j'ai entendus, la bonne foi est plus grande en Espagne que dans la plupart des autres pays européens.

L'Espagnol est en général très dédaigneux des richesses. Il serait fâché de se voir estimé pour ses écus. Même enrichi, il ne considère l'argent qu'en raison des jouissances qu'il en peut retirer, il en reste le maître et n'en est jamais l'esclave ; il le dépense fastueusement : il achète un titre, il se bâtit un hôtel, il a des chevaux, des carrosses, des laquais, il se ruine pour des femmes de théâtre ou il fonde des établissements charitables ; il est rare qu'il soit avare, qu'il se refuse toutes les jouissances de la vie pour accroître son trésor et mette toute sa gloire à amasser. Ce mépris de l'argent dépasse quelquefois tout ce que nous pouvons imaginer. Un poëte espagnol, obligé par les troubles de se réfugier à Lisbonne, constate en arrivant dans la ville qu'il ne lui reste plus qu'une pièce d'or. Qu'est-ce qu'une somme si modique pour un homme tel que lui ? Ne vaut-il pas mieux entrer sur la terre d'exil sans un maravédis, et ne devoir sa fortune qu'à son génie ? Ainsi pense l'Espagnol, et il jette sa pièce d'or dans le Tage.

Folie ! dira-t-on ? — C'est possible, mais c'est une folie de grand seigneur, dont nos petits bourgeois français seraient incapables.

Si l'Espagnol dédaigne la richesse, il adore le loisir, et quelle que soit sa situation sociale, il sait s'arranger pour avoir chaque jour de longues heures de liberté et de flânerie. Sous son beau ciel clément il a pu restreindre ses besoins au strict nécessaire. Vivant presque toujours en plein air, il n'a point pour sa maison l'amour que porte à la sienne l'habitant des pays froids, qui passe au coin du feu la plus grande partie de son existence. Quatre murs en torchis, un toit de tuiles, une pierre pour le foyer, quatre ou cinq jarres, un lit, un coffre, une table, quelques escabelles, et voilà une maison montée. Les maisons du Guipuzcoa passent pour bien construites et confortables : il y a quinze ans, elles n'avaient encore pour la plupart ni vitres ni cheminées. Les citadins sont mieux logés, mais sont encore bien loin de l'être à notre gré. Un ménage bourgeois se contentera parfaitement de deux ou trois petites chambres. Les murs sont blanchis à la chaux, les couchettes en fer n'ont point de rideaux ; on fait souvent la cuisine sur un petit fourneau portatif que l'on installe au milieu de la pièce. Dans les beaux quartiers neufs de Saint-Sébastien, une cheminée est un luxe rare ; on meublera un salon avec des meubles de Vienne en bois courbé, on accrochera au mur les premiers ouvrages en tapisserie faits par la *nina* de la maison. Parfois une jolie statuette de la Vierge, un curieux cabinet en bois des Iles, quelque miroir au cadre de bois doré rappellent la vieille magnificence espagnole ; mais ces vieilleries sont peu estimées ; l'Espagnol n'est pas antiquaire. On s'en aperçoit en visitant quelques demeures aristocratiques ; le salon et la chapelle sont encore étincelants de dorures et de pièces d'argenterie, mais les appartements particuliers des maîtres sont meublés en « vieux chêne » et en palissandre comme ceux de nos bourgeois parisiens. La chambre de la Reine, au Palais-Royal de Madrid, est d'une banalité désolante ; on pourrait avoir la pareille sans sortir du « Louvre » ou du « Bon-Marché. »

Peu exigeant pour son logement, l'Espagnol l'est encore moins pour sa nourriture. Les Français ont, au delà des Pyrénées, la même réputation d'intempérance et de goinfrerie que nous faisons chez nous aux Anglais ou aux Allemands. On nous appelle ces ivrognes de Français! (*esos borrachos de Gavachos*). Un paysan déjeunera très bien d'une côte de melon ; un soldat se trouvera très bien nourri avec une petite tranche de lard et une cuillerée de riz : « Avec une orange et un cigare, disait Espartero, un soldat espagnol irait jusqu'à Moscou. » L'excellent vin d'Espagne, noir, épais, alcoolique et délicieusement parfumé de goudron, est un régal très apprécié, mais c'est un dessert; la boisson ordinaire de tout bon Espagnol est l'eau. Il en boit des carafes entières ; en voyage il emporte sa cruche (*botijo*) et boit à la régalade le mince filet qui coule du bec effilé du vase. En été les rues des villes d'Espagne sont incessamment parcourues par les marchandes d'eau. — « Eau ! bonne eau ! bonne eau fraîche ! fraîche comme la neige ! » Les gens délicats y ajoutent une tranche de citron, ou un biscuit de sucre ou de blanc d'œuf (*azucarillo*). Les faubourgs de Madrid sont remplis de bars populaires où coulent à flots l'orgeat et la limonade. Dans la classe aisée, et même dans la classe riche, on retrouve la même frugalité. Une tasse à café pleine d'un chocolat épais et crémeux, parfumé à la cannelle, voilà le déjeuner du matin. A une heure on fait un repas un peu plus substantiel. Le soir, le « *puchero* » reparait presque invariablement sur la table. C'est un morceau de bœuf bouilli, flanqué de rondelles de saucisson et d'une poignée de pois chiches (*garbanzos*) qui ressemblent à des grains de maïs. Les garbanzos sont la gloire de la Castille : les femmes et les enfants les croquent tout verts le long des champs ; ils forment l'assaisonnement obligé du puchero national. « Depuis que le premier Espagnol a mis le pot au feu,

» dit Fernan-Caballero, jamais ses descendants n'ont
» su manger autre chose. » Le puchero compose souvent tout le repas à lui tout seul, et il est juste de dire
que si la viande bouillie est assez fade, le potage safrané
est délicieux. Les jours de fête on ajoute au menu un pou-
let au riz à la valencienne ou un plat de morue à la bis-
cayenne, ou un compotier de riz au lait saupoudré de cannelle, jamais de vanille, car la vanille donne la fièvre. Le
thé et le café sont des boissons de luxe qu'on ne boit guère
chez soi ; on les remplace par un bon verre d'eau-de-vie ani-
sée (*anisado*) et par une cigarette. Rien de tout cela n'est
bien onéreux.

Le chapitre de la toilette est un peu plus chargé. Il n'est
pas de paysan qui ne conserve dans son coffre un habit de
drap ou de velours pour le dimanche et les bonnes fêtes. Les
jours de *Toros*, les femmes de Valladolid jettent sur leurs
épaules des crêpes de Chine brodés de vives couleurs. Les
enfants, adorablement gracieux et mutins, sont couverts
de dentelles et de rubans. Cependant quoique l'Espagnol
tienne certainement plus à être bien vêtu qu'à bien manger, son luxe de toilette est encore fort modeste. Un homme
achètera tous les trois ou quatre ans une cape en drap noir
ou marron, doublée de velours ou de soie ; un complet de
drap anglais lui paraîtra le *nec plus ultra* de l'élégance.
Une femme s'habillera d'étoffes légères et à bon marché,
et bornera son ambition à avoir des souliers fins, ou un
chapeau de la modiste française. Les filles et les femmes du
peuple sont en général très pauvrement vêtues, et les dames
un peu âgées portent un costume presque monacal.

Assez philosophe pour restreindre ainsi ses besoins
et pour borner ses désirs, l'Espagnol n'est pas obligé,
comme les peuples plus difficiles, de travailler sans cesse
pour satisfaire ses fantaisies. Ce que le vulgaire entend
chez nous par progrès n'est souvent qu'une inutile complication de l'existence, qu'il faut acheter par un surcroît
de peine et de fatigue ; l'Espagnol a gardé la vie simple et

n'a pas besoin de se jeter dans cette infernale course de manège où courent nos paroxystes. Il ne galope pas sa vie, il la descend, calme et digne, comme s'il s'y promenait. A marcher de cette paisible allure, il ne parait point s'ennuyer. Il a mille manières de passer agréablement son temps : il joue à la *pelota*, aux cartes, il se promène, « avec des airs de gloire » sur l'alameda de sa ville natale, saluant ses connaissances d'un geste ample et courtois ; il fume le tabac de fraude quand il peut, et le tabac du roi quand il n'en a pas d'autre ; il parle politique avec ses amis dans les cafés et les auberges ; il fréquente les théâtres et les arènes de taureaux ; il écoute les musiciens ambulants ; il chante et joue de la guitare, enfin il rêve, et l'on n'a jamais écrit de contes plus fantastiques que ceux dont il berça sa nonchalance.

Avec son rêve, l'Espagnol complète sa vie et corrige les côtés fâcheux de sa situation ; le rêve le fait riche et puissant, noble et magnifique, et « qu'importe que ce qui nous rend heureux soit songe ou réalité ? »

Le pauvre journalier d'Andalousie pense qu'il est vieux chrétien, que ses pères ont chassé les Mores de Séville et de Grenade, et forcé les infidèles à rapporter sur leurs épaules les cloches de Saint-Jacques ; il se dit qu'il est libre, et à travers mille visions violentes il entrevoit une ère nouvelle, ère de justice, où la terre appartiendra au laboureur qui la cultive.

L'hidalgo de province vit en compagnie de ses aïeux, ou bien se pose à lui-même de délicats problèmes de morale, de théologie ou de politique ; il a des clartés de tout, et possède des secrets infaillibles pour réconcilier Venise et le grand Turc. En 1800, Napoléon reçut une lettre d'un officier espagnol en retraite ; ce digne militaire s'offrait à rétablir la paix européenne dans un délai de six mois, si le premier Consul voulait bien le prendre pour premier ministre.

Le chanoine lettré tire de ses documents et de ses textes

des conclusions tout à fait inattendues ; les questions inso-
lubles le passionnent, il voudrait savoir d'où viennent les
Basques, comment Tubal, petit-fils de Noé, eut l'idée de
venir en Navarre fonder la ville de Tafalla. S'il écrit, il
oublie à chaque instant son sujet pour faire un bout de
sermon ou une dissertation philosophique. Il rêve encore
en écrivant. Il en est de même de tous. Tous se complaisent
dans les glorieux souvenirs du passé espagnol, tous ima-
ginent pour leur patrie et pour eux-mêmes un avenir encore
plus beau ; il n'est qu'un temps où l'on ne vive pas, c'est
le présent.

Cette brillante imagination ne se perd pas toute dans les
nuages. Tout catholique qu'il soit, l'Espagnol est resté un
peu idolâtre, il a voulu un Dieu sur terre comme au ciel,
et il dirait volontiers comme le païen Henri Heine : « Qu'importe que j'adore Dieu en lui-même ou dans la plus par-
faite de ses créatures ? » Il a fait de l'amour une véritable
religion.

Suivant qu'on le sépare ou non de l'honneur, l'amour
est ou « je ne sais quel passe-temps honteux » ou la plus
intense et la plus noble passion qui puisse remplir l'âme.
L'Espagnol a identifié l'amour avec l'honneur. Il a divinisé
la femme, et dans le culte qu'il lui rend il a mis toute sa
foi, tout son exclusivisme et tout son orgueil. Il a compris
que l'amour n'est grand et n'est saint que s'il est un et
durable, et il a résumé ses aspirations dans cette courte
devise : « Une seule et à toujours » *(Una y siempre !)*
En Espagne, comme ailleurs, très peu d'hommes savent
atteindre une vertu si haute ; mais ceux-là même qui fai-
blissent se blâment de leur faiblesse, et rendent hommage
aux vaillants qui réalisent le chevaleresque idéal. Un juris-
consulte contemporain voudrait encore que la loi condam-
nât les seconds mariages, qu'il appelle « une infidélité
d'âme et un adultère du cœur ». Dans la littérature, l'amour
est toujours présenté comme un sentiment élevé et délicat ;

on en parle d'un ton grave, comme d'une chose divine et sacrée ; un livre comme la « Sonate à Kreuzer » de Tolstoï paraîtrait à un Espagnol un monstrueux tissu de blasphèmes et d'absurdités, une ineptie schismatique, une de ces folies sacrilèges qui font regretter l'Inquisition.

En aucun pays du monde les poètes n'ont chanté la femme avec un lyrisme plus passionné. Écoutez ce joli madrigal d'Enrique Fernandez Granados, intitulé : *Les Violettes :* — « Douces violettes, couleur de ciel, que cul-
» tive la main délicate de celle pour qui je pleure, et dont
» le dédain croit avec mon amour, si par aventure, tendre-
» ment unies, vous ceignez le front pur de Laura, dites-lui
» mes douleurs, et calmez, ô fleurs ! le cruel courroux de
» mon adorée. Elle doit vous aimer puisque vous avez
» donné votre parfum à son âme et votre couleur à ses
» yeux. » Avec quelques traces d'enflure orientale, José
Marti Miquel excelle à exprimer l'envahissement du cœur
par la passion triomphante : — « Quand je vois tes che-
» veux d'or briller entre les fleurs du jardin, je sens la
» vive chaleur du soleil à son zénith. Quand je vois ton
» front nacré où les pensées d'amour commencent à se lire,
» il me semble voir la clarté étincelante et pure de la lune
» qui vient de se lever. Quand je regarde ta taille qui on-
» dule comme un jeune palmier d'Elché, sans y penser je
» suis son balancement, comme le papillon le mouvement
» de la fleur. Quand j'aperçois ton pied qui paraît sous le
» volant léger de ta jupe, je voudrais pour en sentir la
» pression être la trace de ce petit pied. Et quand tu me
» regardes avec tes grands yeux noirs, je perds la notion de
» mon existence ; si un seul soleil éblouit nos yeux, comment
» résister à deux soleils ? » Francisco Marull est d'un goût
plus pur et d'un charme encore plus pénétrant. Sa petite
pièce des *Baisers* est un chef-d'œuvre : — « Vois, poussées
» par le vent, les feuilles se baisent dans les airs ; ici les
» ondes timides baisent le sable du rivage. L'air, vague-
» ment incertain, caresse tes jolies joues, et ces rumeurs

» que tu écoutes, ce sont, ô jeune fille ! des baisers flot-
» tants. L'horizon est le baiser que se donnent le ciel et la
» mer, et la création tout entière n'est peut-être que l'œuvre
» d'un baiser divin. »

Souvent une pointe d'humour se mêle à la poésie. Il
court par toute l'Espagne une foule de dits et de lais d'a-
mour qui sont dans toutes les mémoires : — « Je ne suis
» pas, dit l'un d'eux, comme ce saint qui ne donnait aux
» pauvres que la moitié de son manteau ; prends tout le
» manteau, mon amour, et s'il me reste encore quelque
» chose, je te le donne aussi. » — « Aveugle, dit un autre,
» demande l'aumône à cette dame, demande-la pour deux ;
» l'aumône pour toi, le cœur pour moi. »

Les peines de l'amour ont aussi leurs chantres, qui savent
pleurer avec une douceur infinie. Quoi de plus simple et
de plus charmant que ces trois vers mis dans la bouche
d'une fiancée : « Si mon fiancé meurt, je me coucherai sur
» sa tombe pour qu'il n'ait pas froid. » La fidélité à la
mort, cette chimère de l'amour, est un des thèmes favoris
des poètes, et ils excellent à exprimer l'angoisse de l'irré-
parable deuil, le poignant souvenir du bonheur perdu : —
« On dit que dans ton tombeau est née une pensée. C'est
» ma douleur qui l'a semée ; c'est mon deuil qui l'a fait
» croître et elle vit pour l'amour même de ma vie. »

Mais l'absence et la mort ne sont pas les seules douleurs
qui nous viennent de l'amour ; l'amour vrai survit à la
mort, il ne survit pas à l'estime ; et parmi celles que l'on
aime, il y a des indignes, même en Espagne. La crainte
seule de la trahison rend l'Espagnol jaloux. La jalousie
est comme le fanatisme un mal national, une tare hérédi-
taire. « Qu'est-ce que la jalousie ? » demandait un savant ;
un paysan lui répondit : « Aime, et tu le sauras. » Le
théâtre et le roman ont beau railler les jaloux, ils ne tue-
ront jamais la jalousie au cœur de l'Espagnol. Il n'est pas
de semaine où cette passion terrible ne fasse de victimes.
J'ai lu dans les journaux de Madrid la sanglante histoire

que voici : Un jeune homme vient demander en mariage la fille d'un artisan. Le père refuse. Fou de douleur, le jeune homme se précipite sur celle qu'il aime et la poignarde, puis il se retourne contre le père et l'étend mort d'un seul coup de *navaja*, enfin il les venge tous les deux en se tuant lui-même sur leurs cadavres. De pareils faits ne sont pas rares, et le public les excuse ; il voit une sorte d'héroïsme dans cette sauvagerie.

Trompé dans son amour, l'Espagnol devient implacable. Tout à l'heure la femme était un dieu pour lui : elle n'est plus maintenant que l'objet de sa colère et de sa haine. Toutes lui semblent complices de la faute qui le désespère ; il les voue toutes ensemble au mépris ; et ainsi s'explique le ton particulièrement haineux de la poésie populaire quand elle parle de la femme : « Une bonne chèvre, dit un » proverbe, une bonne mule et une bonne femme font trois » mauvaises bêtes. » — « Le vin pour l'homme, dit un » autre, l'eau pour la bête et le bâton pour la femme. » Tombé du haut de son rêve, l'Espagnol retrouve dans son éducation cléricale l'horreur de la femme, qui est un des traits caractéristiques de la religion des moines ; c'est la créature scandaleuse, l'enchanteresse maudite qu'il faut fuir comme une sorcière : « Le pied court comme un pied » d'Andalouse, les yeux assassins, faits de velours et de » lumière. Une trahison dans chaque regard ! A chaque » regard un mort et une croix ! »

Et toute cette haine n'empêche pas les gitanas de trouver beaucoup d'amoureux.

Les femmes se vengent quelquefois, car, elles aussi, ont droit de se plaindre. « La femme qui rencontre un homme » intelligent, fidèle et loyal, qu'elle l'offre comme une rareté » au Cabinet d'histoire naturelle ! » Mais, malgré leurs défiances et les leçons de l'expérience, les filles de Castille souhaitent se marier. « Les hommes sont des diables, » disent toutes les femmes, oui, mais elles ne demandent » rien, sinon que le diable les enlève ! » Les jeunes Astu-

riennes chantent dans les bois, quand personne ne peut les
entendre : — « Saint Antoine béni ! donnez-moi un mari,
« dussé-je être battue, dussé-je être tuée ! » Et, en récompense de leur amour, Dieu accorde aux mères d'Espagne
les plus délicieux enfants qu'on puisse voir au monde.

Voilà ce que je sais des Espagnols, voilà comment je
vois ce peuple étrange qui semble appartenir à un autre
âge, et presque à un autre monde que le nôtre. Préservée
par sa situation géographique des périls formidables qui
tiennent en crainte tous les autres peuples européens, l'Espagne pourrait vivre en paix dans les joies de la foi, du
rêve et de l'amour ; mais elle est tourmentée de besoins
nouveaux, elle veut rompre, elle aussi, avec la tradition,
elle passe par la crise douloureuse où la France a plusieurs
fois failli périr, elle veut devenir une nation moderne.
Saura-t-elle conquérir la science et la liberté ? Ne lâche-
t-elle pas la proie pour l'ombre ?.... *Quien sabe ?....*

DESDEVISES DU DÉZERT,
Professeur d'histoire à la Faculté des Lettres.

Clermont-Ferrand, typographie et lithographie G. Mont-Louis.

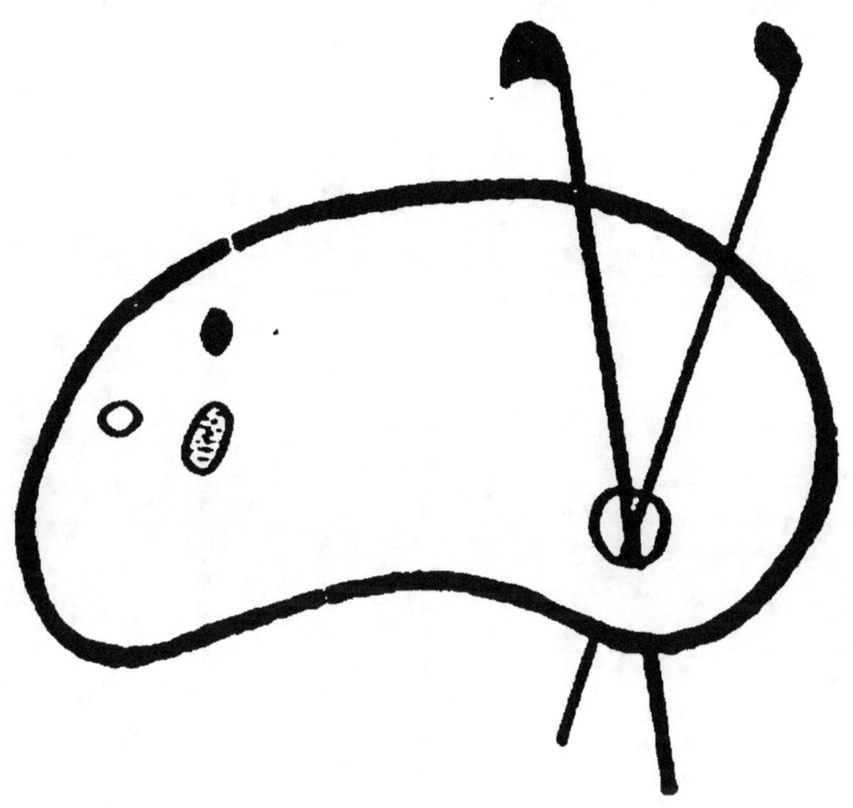

O'IGINAL EN COULEUR
NF Z 43-120-8